Enrico Monaci

Contemplatio

Enrico Monaci

Contemplatio

Piccole meditazioni sui misteri del rosario

Edizioni Sant'Antonio

Cover image: www.ingimage.com

Publisher:
Edizioni Accademiche Italiane
is a trademark of
International Book Market Service Ltd., member of OmniScriptum Publishing Group
17 Meldrum Street, Beau Bassin 71504, Mauritius

Printed at: see last page
ISBN: 978-613-8-39214-9

Enrico Monaci

CONTEMPLATIO

PICCOLE MEDITAZIONI SUI MISTERI DEL ROSARIO

COME SI RECITA IL ROSARIO

GLI ELEMENTI ESSENZIALI

Si inizia facendo il segno della croce (è opportuno farlo con la corona in mano) e dicendo: “Nel nome del Padre e del Figlio e dello Spirito santo. Amen”.

Poi si pronuncia il mistero, per esempio: “Primo mistero gaudioso: l’annuncio dell’angelo a Maria santissima”.

Si prosegue con la recita del Padre Nostro. Se vi è più di una persona, la prima parte del Padre Nostro la dice chi guida, la seconda (“Dacci oggi...”), le altre persone.

Si continua dicendo 10 Ave Marie tutte in fila. Se vi è più di una persona, la prima parte dell’Ave Maria la dice chi guida, la seconda (“santa Maria…”), le altre persone.

Al termine delle 10 Ave Marie si recita il Gloria: la prima parte chi conduce (“Gloria al padre e al Figlio e allo Spirito Santo”), la seconda parte gli altri (“Come era nel principio, e ora e sempre nei secoli dei secoli. Amen”). Così si conclude il mistero. Naturalmente, durante tutto il tempo, si cerca di tenere la mente concentrata sul mistero.

Poi, ripetendo queste modalità, si passa agli altri misteri. Ci si può anche alternare nella recita, in modo che, nel secondo mistero, la prima parte del padre Nostro e delle Ave Maria è recitata dal gruppo, e la seconda parte da chi guida. Nel terzo mistero si torna come al primo, e così via.

Un Rosario si considera concluso quando si recitano i 5 misteri di una "corona". In totale i misteri sono 20, divisi in 4 "corone": i misteri della gioia (o "gaudiosi": si meditano il lunedì e il sabato), i misteri della luce (o "luminosi": si meditano il giovedì), i misteri del dolore (o "dolorosi": si meditano il martedì e il venerdì) e i misteri della gloria(o "gloriosi": si meditano il mercoledì e la domenica).

Al termine dei 5 misteri si snoda la sequenza delle preghiere conclusive, costituita in ordine da Salve Regina, Litanie Lauretane, invocazioni conclusive, preghiera secondo le intenzioni del Sommo Pontefice, segno della croce. L'ordine qui proposto è ipotetico, perchè variazioni nella sequenza delle preghiere, ed anche nella scelta delle litanie, sono ammessi in base alle preferenze dei luoghi e delle persone.

Così il Rosario è concluso nelle sue linee essenziali.

Breve storia del rosario

Nella storia del rosario bisogna distinguere un elemento leggendario - che può avere un fondamento storico-reale nella misura in cui si dà fede pia, libera e quindi personale, non rientrante tra gli articoli di fede proposti dal Magistero ai fedeli, ad alcune rivelazioni fatte ad alcuni santi in visione (sostanzialmente trattasi delle rivelazioni della Madonna al Beato Alano (1428-1475) in cui rientra l'origine apostolica del rosario con le 4 serie di 50 salutazioni angeliche attribuite al modo di pregare di San Bartolomeo, che in tal modo precorrerebbero le 4 serie di misteri attuali, data la recente (2002) aggiunta dei misteri della luce; nello stesso ordine leggendario vi è anche l'attribuzione della nascita del rosario attuale al patriarca San Domenico, che avrebbe ricevuto la rivelazione su questo modo di pregare nella foresta di Tolosa, mentre nasce il suo stesso Ordine per conservare integra la dottrina che salva- ed un elemento storico, più vicino al moderno canone scientifico, che si basa su testimonianze certe e fatti osservabili, secondo cui il rosario sarebbe iniziato in ambiente monastico, partendo da un contapreghiere, ad integrazione dei salmi, per assolvere all'obbligo evangelico della preghiera continua, accolto appunto nella monastica via di perfezione, che in questa fase concerne principalmente i pater, per divenire poi, a partire dall'anno mille, un conta preghiere di Ave, a beneficio di religiosi e soprattutto laici che, per l'affermarsi delle lingue volgari, facevano sempre più fatica a seguire la liturgia in latino. Successive integrazioni, fatte in ambito certosino, prevedono dapprima riunioni di Ave e Pater in una catena costituita da quindici decine intervallate da un Pater (rosario dei semplici); in secondo luogo accade che cinquanta clausole meditative ispirate alla vita di Cristo o di Maria vengono aggiunte alle cinquanta Ave del rosario. In questo modo preghiera e meditazione cominciano ad andare insieme (rosario dei dotti).

Siamo allo stadio finale quando il domenicano Alano de la Roche, non a caso frequentatore dei certosini, riesce a riunire le due linee di rosario dei semplici e dei dotti in un'unica preghiera strutturata con le decine di Ave alternate ai Pater e accompagnata dalle meditazioni dei misteri della vita di nostro Signore Gesù Cristo. Qui viene formato il sistema tripartito della serie delle tre categorie di misteri (gaudiosi, dolorosi, gloriosi) in complessive 150 Ave (a riproduzione del numero dei salmi), intercalate dai Pater, che sarà il rosario che durerà fino all'epoca attuale quando Giovanni Paolo II, senza intaccare la Tradizione, ponendone la recita solo facoltativa, proporrà ai fedeli una quarta serie di misteri, quelli della Luce, che, come si evince sopra, si ricollegherebbe ad una Tradizione già in essere al tempo apostolico con San Bartolomeo e riproposta, già prima di Alano, nel rosario certosino di Domenico di Prussia.

PETALI DI ROSA

PICCOLE MEDITAZIONI SUI MISTERI DEL ROSARIO

Dal Vangelo secondo S. Luca (1, 31-33)

L'angelo disse a Maria: "Ecco, concepirai un Figlio, lo darai alla luce e lo chiamerai Gesù. Sarà grande, e chiamato Figlio dell'Altissimo; il Signore Dio gli darà il trono di Davide suo padre e regnerà per sempre sulla casa di Giacobbe e il suo regno non avrà fine".

1° gioia: Annunciazione

Ciò che colpisce in questo mistero è la risposta strategica di Maria: essa provoca un chiarimento ed esprime desiderio di voler conoscere, preludio ad una adesione entusiasta; i teologi qui si esprimono con la formula “non dubitantis, sed admirantis”, cioè non dubbio, ma meraviglia.

Essa vuole incanalare il suo desiderio nell’orbita gravitazionale della volontà di Dio e, con ciò, essa diviene risposta ad ogni chiamata, che conduce ognuno là dove doveva essere.

O Dio, fa che il ricordo dell’inaudito contesto di ferialità, in cui si compiono gli eventi meravigliosi della fanciulla vergine di Nazareth, ci aiutino a trasfigurare il nostro misero quotidiano, spesso oppresso da un conato di nausea, che è sempre sul punto di far naufragare le nostre migliori disposizioni.

Dal Vangelo secondo S. Luca (1, 42.44)

Elisabetta esclamò a gran voce: "Benedetta tu fra le donne e benedetto il frutto del tuo grembo… Ecco, appena la voce del tuo saluto è giunta ai miei orecchi, il bambino ha esultato di gioia nel mio grembo".

2° gioia: Visitazione

Willam –il teologo riscoperto da Ratzinger, del quale apprezzava la capacità, propria anche della grande teologia cristiana , di saper parlare ai semplici, come ai dotti in virtù di uno sguardo chiaro sull'essenziale- nella congiunzione "anche" ("kai", greco, verso 36, che ritorna eufonicamente nella congiunzione et, versione Clementina, latina, del verso all'esordio di 1,46), presente nella enunciazione del mistero della annunciazione, rileva come lo stesso evangelista voglia sottolineare la stretta connessione fra il primo ed il secondo mistero, quasi che il secondo consegua immediatamente e logicamente al primo. Dopo la gioia c'è il desiderio di comunicarla, anche in una persona così riservata come Maria, che non aveva esitato a nascondere per molto tempo la sua gravidanza allo stesso Giuseppe. Ciò vuol dire che l'essere di Maria, come il nostro essere, è essenzialmente relazionale, dalla creazione, atto relazionale primario, fino alla relazione con Dio, termine supremo della carità teologale, senza disdegnare la carità verso il prossimo. Tuttavia in Maria c'è di più, "la capacità", come afferma Cromazio di Aquileia in una sua nota sentenza, "di accogliere in sé Dio".

O Dio Spirito Santo che hai riempito di te Elisabetta, nel momento della visita della Augusta Madre del redentore, riempi di te anche il nostro cuore, perché possiamo portare al mondo la gioia e la speranza che non delude.

Dal Vangelo Secondo S. Luca (2, 1. 4-7)

Un decreto di cesare Augusto ordinò che si facesse il censimento di tutta la terra. Anche Giuseppe, dalla Galilea, dalla città di Nazareth, salì in Giudea alla città di Davide chiamata Betlemme: egli apparteneva infatti alla casa ed alla famiglia di Davide. Doveva farsi registrare insieme con Maria sua sposa, che era incinta. Ora, mentre si trovavano in quel luogo, si compirono per lei i giorni del parto. Diede alla luce il suo figlio primogenito, lo avvolse in fasce e lo depose in una mangiatoia, perché non c'era posto per loro nell'albergo

3° gioia: Nascita

Sebbene la mariologia attuale sia molto più storica ed induttiva che nel passato, "Maria Madre di Dio", Theotokos, è principio fondante di ogni discorso su Maria; a parte il moderno dibattito sulla fecondità di un primo principio in mariologia, cosa che estranea questa breve meditazione, infatti, indipendentemente da ciò, è certo che la maternità divina è senz'altro il fulcro della glorificazione e del culto di Maria. Ed è proprio nel contesto di questa festa a Maria Madre di Dio, che la liturgia celebra da alcuni anni la festa della pace, dono messianico per eccellenza, che ci conduce pian piano alla consapevolezza che la nostra felicità non dipende tanto dalla quantità dei beni esteriori, quanto dalla dedizione ad una causa che, diciamo così, ci rende degni di essere uomini e solo in questo metaforico viaggio, cioè senza affanno di desiderio, se così potremmo dire, impegnandoci in qualche scopo ideale o nobile fine, possiamo incontrare momenti di felicità.

O Dio che nella povertà della grotta di Betlemme hai sprezzato ogni vanità mondana, fa che, anche se ci troviamo poveri di beni, sappiamo accogliere Gesù nei nostri cuori, per comprendere la relatività di una vita tutta spesa nella ricerca delle ricchezze, senza quel distacco che, rendendoci poveri di cuore, può farci davvero guadagnare l'amore di Dio, unico bene davvero necessario alla nostra vita.

Dal Vangelo secondo S. Luca (2, 22-23)

Quando venne il tempo della loro purificazione secondo la legge di Mosè, Maria e Giuseppe portarono il bambino a Gerusalemme per offrirlo al Signore, come è scritto nella legge del Signore: ogni maschio primogenito sarà sacro al Signore.

4° gioia: Presentazione al Tempio

Vedere Gesù e contemplare il suo volto come scopo della vita. Simeone ha raggiunto il suo telos. Anche il fine del cristiano è lo stesso e si compirà pienamente nella eternità.

Una cosa che il nostro secolo consumista spesso dimentica è la meditazione: fermarsi a guardare Dio con l'occhio dell'anima, purificarsi per arrivare a contemplarlo, ecco lo sforzo che ci ripaga e dà significato alla vita.

O Dio che hai voluto che il Tuo Figlio al Tempio fosse offerto da Gesù e Maria come segno della sua donazione interiore, donaci di vedere in ogni uomo i segni della Tua presenza apportatrice di redenzione, per fare di Gesù una meta di quel cammino sacrificale, che ogni uomo deve compiere, per allontanare il male dalla sua vita e per la liberazione risolutiva dallo stato di impurità, che sono i desideri cattivi che escono dal cuore dell'uomo, fino a quell'autosacrificio, che sarebbe necessario per neutralizzare le forze negative che operano nel mondo.

Dal Vangelo secondo S. Luca (2, 46-47)

Maria e Giuseppe trovarono Gesù nel tempio, seduto in mezzo ai dottori, mentre li ascoltava e li interrogava. E tutti quelli che l'udivano erano pieni di stupore per la sua intelligenza e le sue risposte.

5° gioia: Smarrimento e ritrovamento di Gesù nel Tempio

Gesù è davvero un modello di decisione: non lo si trova fra i parenti e conoscenti, ma già dodicenne, sicuro della sua missione, si occupa delle cose del Padre suo, ed i suoi genitori non capivano. Molti di fronte a Lui sono perplessi, anche i discepoli, quando egli parla della sua missione dolorosa (Lc. 9,45; 18,34; 24,25). Tuttavia c'è una differenza fra il comportamento di questi discepoli e Maria. Mentre loro hanno timore di tornare sulla questione (Lc 9,45), Maria serbava tutte queste cose nel suo cuore (Lc. 2,51). Essa, in quel silenzio che è il suo atteggiamento fondamentale, custodisce nell'animo quell'enigma, e, con atteggiamento proattivo si lascia coinvolgere nel mistero con tutta quella fedeltà e quello slancio che la renderanno presente a Cana ed al Calvario, cioè all'inizio ed alla fine, e quindi nei momenti decisivi, come anche a Pentecoste, evento fondativo della Chiesa: un modello di discepolato per tutti noi, vero, fervente, intelligente ed attivo. Resterà è vero in ombra nella sua vita pubblica, ma solo perché, come esprime in sottofondo il vangelo di Marco, chiamato non a caso il Vangelo del segreto messianico, il mistero che solo Lei conosceva, o almeno intravedeva, non doveva ancora essere svelato. La dedizione si incontra tuttavia con l'elemento tragico del consenso alla immolazione, che il suo stesso silenzio aveva preparato.

O Signore Tu che hai permesso per Giuseppe e Maria questa sofferenza, fa che non ci smarriamo nelle prove della vita, sicuri che nessuno può essere tentato al di sopra delle proprie forze, e fiduciosi nell'intervento amorevole del Padre e di Maria sua icona materna, fa che ci incamminiamo sulla strada della redenzione, diventando sale e luce per l'umanità smarrita.

Dal Vangelo secondo S. Matteo (3, 13. 16-17)

Gesù andò al Giordano per farsi battezzare da Giovanni. Appena battezzato, Gesù uscì dall'acqua: ed ecco, si aprirono i cieli, ed egli vide lo Spirito di Dio scendere come una colomba e venire su di lui. E una voce dal cielo disse: "Questi è il Figlio mio prediletto, nel quale mi sono compiaciuto".

1° luce: Battesimo di Gesù al Giordano.

C'è un elemento sotteso in questo episodio che voglio rimarcare: l'umiltà di Gesù.

Molti fondatori di religioni hanno avanzato delle prerogative divine, ma ciò che caratterizza Gesù, se vogliamo restare costretti in questo ambito, è il fatto di essere quello che Sant'Agostino chiama il "deus humilis". Egli, infatti, come nella visita di Maria a Nazareth va verso il Battista, come viene verso ognuno di noi, perché possiamo incontrare Lui che, innocente, scende nell'acqua del fiume, facendosi peccato per noi e chiede che noi lasciamo fare Lui, perché operi in noi le meraviglie della redenzione e della salvezza. La sua missione di rivelare il volto amorevole del Padre verso l'umanità è preannunciata proprio in questo rito, in cui egli inizia la sua missione; anzi, proprio il fatto di cominciare la sua missione con un rito, esprime chiaro l'intento di venire a riparare il peccato del mondo, dato che il rito stesso nasce proprio in relazione alla finalità di porre un limite alla disgregazione e ripristinare l'equilibrio sociale.

O Dio, che non hai ricusato di sottoporre il tuo Figlio alla prova della tentazione nel deserto, fa che indossiamo le armi della luce per sconfiggere le suggestioni del Maligno e guidati dalla Tua Sapienza sappiamo sconfiggere e smascherare gli errori che si oppongono all'avvento del tuo regno, mossi tuttavia dalla consapevolezza che, senza sacrificio, non ci sarà redenzione dello spazio che abitiamo.

Dal Vangelo secondo S. Giovanni (2, 1-2.5. 7-10)

Ci fu uno sposalizio a Cana di Galilea, e c'era la madre di Gesù. Fu invitato anche Gesù con i suoi discepoli. Venuto a mancare il vino, la madre di Gesù disse ai servitori: "Fate quello che egli vi dirà". Gesù allora disse: "Riempite d'acqua le giare, poi attingete e portatene al maestro a tavola". Ed essi gliene portarono. E come ebbe assaggiata l'acqua cambiata in vino, il maestro di tavola disse allo sposo: "... Tu hai conservato fino ad ora il vino buono".

2° luce: Presenza a Cana

Nel segno di Cana, Maria e Gesù sembrano avere una prospettiva diversa. Maria pensa al vino materiale, Gesù alla nuova missione che comincia, con il fatto di elevare il discorso alle realtà spirituali, quelle concernenti la sua ora. Tuttavia la risposta di Maria dimostra una tale prontezza, che essa compie lo scarto, replicando nella sua risposta l'adesione di Israele alla legge mosaica, mediante l'abbandono completo alla volontà del Figlio, abbandono al quale invita anzi anche i discepoli, chiamati implicitamente alla testimonianza, simboleggiati dai servi, al quale dice: "Fate tutto quello che egli vi dirà". Così facendo essa li introduce alla conoscenza più profonda del Cristo, che si rivela solo a chi ha la diligenza di mettere in pratica la parola della antica e, soprattutto, nuova legge, simboleggiata dal vino nuovo, protesa verso il compimento nella sua Passione, che suggella la definitiva alleanza nel suo sangue, in cui si compirà la liberazione dal peccato a favore dell'umanità di ogni tempo.

O Dio, che attraverso l'episodio di Cana hai accresciuto, grazie anche a Maria, la fede nei discepoli di suo Figlio, fa che ci rendiamo più forti nella testimonianza e che il nostro pensare ed il nostro agire siano sempre nel segno della speranza e dell'amore.

Dal Vangelo secondo S. Marco (1, 14-15)

Dopo che Giovanni fu messo in prigione, Gesù si recò in Galilea, predicando il vangelo di Dio e dicendo: "Il tempo è compiuto e il regno di Dio è vicino; ravvedetevi e credete al vangelo".

3° luce: Annuncio del regno di Dio

Se Cristo a Cana è il vero sposo, egli ti dice: va e annuncia il regno di Dio.

Certamente nella Chiesa si danno vari carismi e non tutti si riconducono alla predicazione. Anzi è certo che la realtà non si taglia a fette e ciascheduno ha il suo iter nel rapporto con Dio. La parola è indubbiamente qualcosa che ci incatena ad una responsabilità, ma se anche se dobbiamo adorare il silenzio, "Pater praedicatorum", nulla ci esime dal ricercare alacremente la verità che ci emancipa e ci rende degni figli di Dio, incrementando una corretta relazione con Dio e con il nostro prossimo.

O Dio donaci il coraggio di non indietreggiare dinanzi all'urgente compito di proclamare la parola di Dio e per questo donaci lo studio, la considerazione degli altri oratori e dottori e la preghiera, per ottenere "la grazia della predicazione".

Dal Vangelo secondo S. Luca (9, 28-29)

Circa otto giorni dopo questi discorsi, Gesù prese con sé Pietro, Giovanni e Giacomo, e salì sul monte a pregare. Mentre pregava, l'aspetto del suo volto fu mutato e la sua veste divenne di un candore sfolgorante.

4° luce: Trasfigurazione sul monte Tabor

A me piace guardare il Tabor non tanto e non solo come una operazione di potenza, quanto come una operazione ordinaria del nostro quotidiano. Quando eravamo all'Università un nostro professore che accompagnava sempre le sue battute con pessimistica saggezza - troppo spesso dimenticata nel fervore sulla illusione dei tempi nuovi, ovvero quelle magnifiche sorti e progressive di cui parlava Leopardi, profeta inascoltato, osservava con amarezza, come potrebbe fare sinceramente ogni uomo comune -, ci confessava: "Quanta fantasia ci vuole per campare!". Se stiamo soli, in una facile immunitas tutto può andar bene, in apparenza, ma se ci accompagniamo agli altri nella communitas, allora cominciano i dolori. Tuttavia la benedizione sta nella ferita, come insegna l'episodio, tratto dal libro della Genesi, della misteriosa lotta di Giacobbe con l'angelo, che potremmo traslare ai rapporti con il nostro prossimo, per cui ci viene chiesto che nelle nostre comunità, a partire dalla famiglia, operiamo con un continuo rinnovamento della mente, non stancandoci di fare il bene. . Ecco che prendere tra le mani un rosario, in un mondo spesso minacciato dal male incombente, che è dentro di noi e che rischia continuamente di traboccare, aiuta a trasfigurare il nostro quotidiano ed esprime un segno coerente una volontà che cerca di non lasciarsi sopraffare dal male.

O Dio Onnipotente, che sul Tabor hai mostrato nella preghiera il cammino della nostra trasformazione interiore, fa che ricorriamo ad essa negli spazi liberi del quotidiano e donaci la capacità meditativa di Maria per pervenire alle altezze della contemplazione.

Dal Vangelo secondo S. Matteo (26, 26-28)

Mentre mangiavano, Gesù prese del pane e, dopo aver detto la benedizione, lo spezzò e lo diede ai suoi discepoli dicendo: "Prendete, mangiate, questo è il mio corpo". Poi, preso un calice e rese grazie, lo diede loro, dicendo: "Bevetene tutti, perché questo è il mio sangue, il sangue del patto, il quale è sparso per molti per il perdono dei peccati."

5° luce: Eucaristia

Questo piccolo pane è davvero il simbolo della perfezione cristiana. Osservava un maestro delle nuove spiritualità, il venerabile Kryananda, che senza quel po' di pace che offrono le religioni non potremmo vivere.

Anzi la prima preoccupazione di ogni missione dovrebbe essere quella di dare uno spazio alla Messa ed all'eucaristia: "Cercate prima il regno dei cieli e la sua giustizia e tutto il resto vi sarà dato in aggiunta" (Mt. 6,33).

Con la forza di questo sacramento ogni miracolo, ogni realizzazione diventa possibile, soprattutto se abbiamo quella fede di Maria, donna eucaristica con l'intera sua vita, che ci invita, come a Cana, ad obbedire al Maestro, cui nulla è impossibile. Egli non solo può tramutare l'acqua in vino, ma, con il tramite del sacerdote, fa del pane e del vino il suo corpo ed il suo sangue, divenendo pane di vita nella memoria della sua Pasqua, cui peraltro essa ci introduce.

Con quello stesso amore con cui ella avrà partecipato alle celebrazioni eucaristiche della prima generazione cristiana, assidui "nella frazione del pane" (At. 2,42), fa, o Padre, che ci accostiamo alla mensa eucaristica perché, commossi dal tuo infinito amore, ti serviamo con rinnovato impegno.

Dal Vangelo secondo S. Marco (14, 33-34. 36)

Gesù prese con sé Pietro, Giacomo, Giovanni e cominciò a essere spaventato e angosciato. E disse loro: “L’anima mia è oppressa da tristezza mortale; rimanete qui e vegliate”. Andato un po’ più avanti, si gettò a terra; e pregava che, se fosse possibile, quell’ora passasse oltre da lui. Diceva: “Abbà, Padre! Ogni cosa ti è possibile; allontana da me questo calice! Però, non quello che io voglio, ma quello che tu vuoi”.

1° dolore: Agonia di Gesù nell'orto degli Ulivi.

Qualcuno ha osservato che il cristianesimo ha perso grossa parte del suo mordente nel mondo moderno perché la tragedia della passione di Gesù , che ne è l'elemento fondamentale, è stata soppiantata da atrocità e dolori ancora più gravi, come quelle delle guerre del secolo appena trascorso, Auschwitz e tanti episodi della cronaca quotidiana. Se anche così fosse Gesù ce lo aveva predetto: "Se hanno fatto così del legno verde che ne sarà del legno secco" (Lc. 23,31) per dire che la situazione può anche peggiorare, quando il diavolo ed i suoi figli avranno preso le misure su ogni nostro mezzo di difesa! E' una tragica ironia, certo, ma basta pensare alla cronaca di molti episodi di martirio dei secoli successivi ed a quanto potrebbe accadere oggi in un Laogai in Cina e soprattutto quanto il male si sia raffinato ed evoluto nel provocare quello che noi chiamiamo il martirio del cuore, altrettanto spaventoso e non esente da conseguenze fisiche. Tuttavia ciò che si dimentica in questi contesti è che il compito del cristiano non è solo quello di farsi consolare da Gesù (Maria), ma anche di consolare Lui, nascosto soprattutto nei fratelli piccoli che soffrono, cosicché nei piccoli e grandi dolori dell'esistenza possiamo trovare un modo per stare vicino a Lui (Loro) e consolarlo(i).

In questo mistero Gesù ci insegna in particolare la preghiera come mezzo fondamentale di perseveranza nelle difficili tempeste della vita.

O Dio fa che ogni giorno possiamo incamminarci felicemente in quel combattimento che ci conduce alla attuazione della Tua volontà in questa vita, per accogliere in noi quella speranza che non delude e per conseguire il premio riservato agli uomini che, con buona disposizione, sopportano pazientemente le avversità ed aiutano Gesù a espiare i peccati dell'umanità.

Dal Vangelo secondo S. Marco (15,15)

Pilato, volendo dare soddisfazione alla moltitudine, rilasciò Barabba, e dopo aver fatto flagellare Gesù, lo consegnò perché fosse crocifisso.

2° dolore: Flagellazione

La verità, in quanto virtù, ha sempre generato odio. Non possiamo sopportare che qualcuno ci indichi i nostri doveri, cosa dobbiamo fare, come dobbiamo pensare. Ed ecco allora che Gesù nella sua infinita misericordia, lungi dall'abbandonarci al nostro crudele e meritato destino, si lascia colpire, per la salvezza eterna di chi lo colpisce.

Ecco allora che noi, guardando a Maria desolata, che vede la verità rigettata e reietta, dobbiamo imparare a non contristare ulteriormente Gesù e Maria, amando la verità e vivendo conformemente ad essa.

O Dio che hai permesso il più tragico errore giudiziario della storia, la condanna del tuo Figlio, fa che sappiamo leggere le contrarietà della nostra vita alla luce del tuo disegno universale di salvezza, in modo che sappiamo unirci alla sofferenza del Divino Salvatore, per cooperare alla salvezza del mondo.

Dal Vangelo secondo S. Marco (15, 17-19)

Lo vestirono di porpora e, dopo aver intrecciata una corona di spine, gliela misero sul capo, e cominciarono a salutarlo: “Salve, re dei Giudei!”. E gli percuotevano il capo con una canna, gli sputavano addosso e, mettendosi in ginocchio, si prostravano davanti a lui.

3° dolore: Coronazione di spine

Con la coronazione di spine i flagelli raggiungono il suo capo adorabile, significando che tutto il suo essere ed ogni suo nobile sentimento viene ferito e violentato, cosicché, per quanto possibile, su un piano anche simbolico, ogni situazione umana dolente non possa rimanere senza significato e senza redenzione.

Ecco allora l'uomo: in Lui che è senza colpa c'è l'uomo come dovrebbe essere secondo il disegno di Dio.

In questo mistero c'è anche l'acme della sofferenza psichica di ogni uomo, nel suo desiderio irriso e vilipeso. La tua Sapienza ci deve tuttavia condurre ad andare oltre le cose evidenti per scoprire e sperimentare i doni dello Spirito anche in situazioni umane apparentemente irrimediabili.

Concedici dunque o Padre di non fermarci ai luoghi comuni per salire sulla stretta e ripida via dei salvati e per vivere in pieno il mistero della morte e resurrezione del nostro Salvatore, via che passa inevitabilmente anche attraverso la sofferenza ed il dolore.

Dal Vangelo secondo S. Giovanni (19, 16-18)

Pilato consegnò Gesù ai Giudei perché fosse crocifisso. Essi allora presero Gesù ed egli, portando la croce, si avviò verso il luogo del Cranio, detto in ebraico Golgota, dove lo crocifissero.

4° dolore: Viaggio al Calvario, carico della croce.

Tra lo strazio del dolore una immagine mi ha colpito particolarmente: questo quadro del Beato Angelico, custodito nel museo di San Marco a Firenze, incentrato sull'incrocio degli sguardi tra Gesù e Maria sul percorso del Calvario- uno sguardo pieno di compassione e di tenerezza nel quale indubbiamente il dolore umano raggiunge i suoi vertici, anche per quelle che erano le attese del suo ambiente, dopo i miracoli, le folle, testimoniate da tanti passi evangelici, alle quali Maria per superiore maturità doveva essere estranea, ma certo anche loro sono rappresentanti del genere umano- una debolezza sarebbe non solo comprensibile, ma anche giustificata!

Nonostante questo, il traino delle forze personali e impersonali della impurità, rompe il freno di ogni umano sostegno.

Ed intanto anche le donne di Gerusalemme lo seguono, piangendo, senza badare alla consuetudine giudaica, che proibiva di piangere per i condannati a morte.

O Padre, aiutaci a comprendere l'enormità del peccato che ha causato la morte del Tuo Figlio e a riconoscere la gratitudine ed il debito di riconoscenza verso Gesù e Maria, per la loro infinita compassione verso ogni genere di sofferenza.

Dal Vangelo secondo S. Luca (23, 44-46)

Era verso mezzogiorno, quando il sole si eclissò e si fece buio su tutta la terra fino alle tre del pomeriggio. Il velo del tempio si squarciò nel mezzo. Gesù, gridando a gran voce, disse: "Padre, nelle tue mani consegno il mio spirito". Detto questo spirò.

5° dolore: Crocifissione

Tutto è compiuto. Passando per re di burla sta conquistando un regno che non finirà più, dove sarà re dei giudei e dei pagani, e di tutti gli esseri umani di ogni nazione e di ogni tempo. Sfinito dai patimenti ha il tempo di provvedere al massimo conforto spirituale per la posterità dei suoi discepoli. Infatti, nell'affidamento a Giovanni, egli addita la Madre come sicuro scudo e rifugio contro le insidie del mondo e le tempeste della vita. Seguendo fedelmente Maria ella non può trascurare il compito di portarci in Paradiso e di farci gustare il vero amore, quello divino, anche in questa vita.

La croce è certamente il centro del mistero cristiano e lo è non solo per la sua portata salvifica, cioè come evento di grazia per il genere umano, come traspare nella teologia paolina, ma anche perché una costante del pensiero profetico era quella di fornire degli insegnamenti che rappresentassero una via di salvezza e liberazione anche sul piano immanente della ordinaria esistenza terrena, ed in questo senso la croce simboleggia di per sè un viatico ineludibile di progresso materiale e spirituale , nel senso che non c'è avanzamento che non rechi con sé un fardello di ineluttabile sofferenza.

Così anch'io voglio sperare, nonostante i miei peccati, e da te imploro il perdono, tu che tieni in segreto le lacrime per i peccatori.

Dal Vangelo secondo S. Matteo (28, 5-7)

L'angelo disse alle donne: "Non abbiate paura. So che cercate Gesù il crocifisso. Non è qui. È risorto., come aveva detto; venite a vedere il luogo dove era deposto. Dite ai suoi discepoli: "È resuscitato dai morti, e ora vi precede in Galilea: là lo vedrete".

1° gloria: Resurrezione

La gloria è la gioia maturata attraverso la sofferenza. Se ci mettiamo dal punto di vista di Dio, quello anagogico, dobbiamo dire che la gloria esprime più compiutamente di ogni altro il mistero di Cristo. Infatti la gioia posso descriverla anche senza il dolore, ma non posso descrivere la gloria senza la gioia ed il dolore. Ciò significa quindi che i primi due sono meno densi della gloria che li contiene, anche se nulla potremmo comprendere fuori dal mistero della croce.

Donna perché piangi? Tu, o Dio, hai promesso ai tuoi figli di asciugare ogni lacrima. Davvero possiamo vedere nella resurrezione, che è un po' la scommessa della fede, l'inizio del rinnovamento di tutte le cose e la fonte di ogni gioia e pace duratura.

Dal Vangelo secondo S. Marco (16, 15-16. 19)

E disse loro: “Andate per tutto il mondo, predicate il vangelo a ogni creatura. Chi avrà creduto e sarà stato battezzato sarà salvato; ma chi non avrà creduto sarà condannato.” Il Signore Gesù dunque, dopo aver loro parlato, fu elevato in cielo e sedette alla destra di Dio. E quelli se ne andarono a predicare dappertutto e il Signore operava con loro confermando la Parola con i segni che l'accompagnavano.

2° gloria: Ascensione

"Questo Gesù, che è stato tra di noi assunto fino al cielo, tornerà un giorno allo stesso modo in cui lo avete visto andare in cielo" (At. 1,6-11). L'ascensione è il termine del tempo caratterizzato dalla presenza di Gesù e con esso inizia il tempo della Chiesa. Quindi la caratteristica di questo tempo è quella di essere un "tempo di mezzo", perché sta tra la resurrezione- ascensione e la parusia, il ritorno del figlio dell'uomo, tra il ministero di Gesù, che è compiuto, e la fine dei tempi.

Se ci facciamo accompagnare da Maria, ella ci porterà in dono quello Spirito Santo, di cui essa è fedele Sposa, Spirito che ci aiuterà ad avanzare nel Regno senza molte di quelle pur inevitabili retrocessioni e cadute che caratterizzano questa fase in cui la storia conosce ancora quella violenza, oppressione e nefandezze, che troppo spesso ci addolorano, e soprattutto con quell'amore agapico, che è il tratto distintivo dei figli di Dio.

O caro Gesù, che salendo al cielo ci hai promesso di prepararci un posto nella casa del Padre, aiutaci a vivere il nostro tempo con lo sguardo rivolto alla vita futura per essere degni di comparire dinanzi a Te nella gloria, confortati dalla presenza di Maria e dalla sua presenza iconica nella Chiesa che fanno pregustare già in questa vita, come in una impronta, quegli scampoli di felicità consentiti dalla restaurazione della regalità del figlio.

Dagli Atti degli Apostoli (2, 1-4)

Mentre il giorno di pentecoste stava per finire, gli apostoli si trovavano nello stesso luogo.Venne all'improvviso dal cielo un rombo, quasi un vento che si abbatte impetuoso, e riempì tutta la casa. Apparvero loro lingue di fuoco che si dividevano e si posarono su ciascuno di loro; ed essi furono tutti pieni di Spirito Santo.

3° gloria: Pentecoste

Ci sono due elementi preponderanti che caratterizzano la Chiesa del Nuovo Testamento: il primo lo abbiamo visto ed è la croce. Il secondo, anch'esso importante, è la comunione.

Ciò che è rimarchevole, è anzitutto rilevare che c'è qualcosa che Dio ha fatto per l'uomo in Cristo. Solo dopo aver compreso questo sarà possibile chiedersi come pensare un Dio che ha fatto una cosa tanto grande (dottrina) e come ordinare la nostra vita in quanto cristiani (etica).

Ora tra i grandi dono che Dio ha fatto all'uomo in Cristo vi è il dono dello Spirito.

Maria era là presente a questo evento ed ella ci aiuterà a possedere quella disposizione umile e tranquilla, unita al timore, che ci permetterà di accogliere la sua sapienza, che vince il mondo, ed a mantenerci nella veglia dell'amore.

Ecco un modello inarrivabile, ma senz'altro da imitare, per quanto possibile di fortezza cristiana; mentre i discepoli spaventati fuggono, Ella è là a radunare la Chiesa, certa di quella fede, che potrà bruciare anche le nostre esitazioni, se ne seguiamo gli esempi di virtù, con una condotta di vita ispirata ala Sua.

Donaci, pertanto o Madre, quella fede intrepida nella parola del Salvatore, rinsaldata dalle promesse delle Tue molte Apparizioni, affinché sappiamo superare gli ostacoli del nostro cammino con quella pace dinamica, creativa e ricca di frutti, che è dono dello Spirito, che ti ha sposato per l'eternità.

Dalla Costituzione Lumen Gentilium (61-62)

Maria, col concepire Cristo, generarlo, nutrirlo, presentarlo nel tempio, soffrire col Figlio suo morente in croce, cooperò in modo tutto speciale all'opera del salvatore . . . Per questo fu per noi madre nell'ordine della grazia . . . Assunta in cielo non ha deposto questa funzione di salvezza . . .

4° glorioso: Assunzione

Certamente il dogma dell'Assunzione è qualcosa di profondamente cattolico. Esso si riallaccia agli altri dogmi mariani: l'Immacolata concezione, la Maternità Divina e la Verginità perpetua. Osserva San Giovanni Damasceno: "Bisognava che colei che aveva conservata intatta la sua verginità nel parto, vedesse il suo corpo conservato al riparo da ogni corruzione, anche dopo la sua morte."

L'Assunzione è quindi un evento di grazia, ma corrisponde alla dignità di Madre di Dio e ciò porta con sé una cooperazione alla salvezza.

Ora ti ringraziamo, o Padre, che per merito del Signore nostro Gesù Cristo hai dato la vittoria sulla morte alla Vergine Maria, sua madre.

Per sua intercessione fa che giungiamo fino a te, nella gloria del cielo.

Dal libro dell'Apocalisse (12, 1.10-12)

Nel cielo apparve poi un segno grandioso: una donna vestita di sole, con la luna sotto i suoi piedi e sul suo capo una corona di dodici stelle . . . Allora udìi una gran voce nel cielo che diceva: "Ora si è compiuta la salvezza, la forza e il regno del nostro Dio e la potenza del suo Cristo. Esultate dunque, o cieli, e voi che abitate in essi".

5° glorioso: Incoronazione

La tradizione del rosario attribuisce a questo mistero, il frutto della perseveranza. Senza dubbio, parlando di Maria, non possiamo che esprimerci con ossequio riguardo alla solidità dei propositi di affidamento a Lei, tanto più che, quando pensiamo a Maria, pensiamo naturalmente a qualcosa di stabile, ad un porto sicuro, per cui possiamo efficacemente, da Lei, invocare quella perseveranza che lo stesso San Tommaso d'Aquino, a cui è debitrice la migliore della dottrina della Chiesa, indica fra le virtù più difficili da realizzare. Ma ella è anche un mare vorticoso, Colei che conduce alle grandi decisioni, e quindi parliamo soprattutto di perseveranza nella grazia e passaggio alla via stretta che conduce alla vita.

O Padre, che nell'elevare al cielo Maria nostra madre la rendi Regina del mondo e delle nostre anime, ottienici la grazia di seguire sempre docilmente i suoi consigli, che ci conducono a Te. Per Cristo nostro Signore.

SALVE REGINA

Salve, Regina, madre di misericordia, vita, dolcezza e speranza nostra, salve. A Te ricorriamo, noi esuli figli di Eva; a Te sospiriamo gementi e piangenti in questa valle di lacrime. Orsù dunque, avvocata nostra, rivolgi a noi quegli occhi Tuoi misericordiosi. E mostraci dopo questo esilio, Gesù, il frutto benedetto del Tuo seno. O clemente, o pia, o dolce Vergine Maria.

LITANIE LAURETANE

Signore, pietà R. Signore pietà

Cristo, pietà R. Cristo pietà

Signore, pietà. R. Signore pietà

Cristo, ascoltaci. R. Cristo ascoltaci

Cristo, esaudiscici. R. Cristo esaudiscici

Padre del cielo, che sei Dio, Abbi pietà di noi.

Figlio, Redentore del mondo, che sei Dio,

Abbi pietà di noi

Spirito Santo, che sei Dio,

Abbi pietà di noi

Santa Trinità, unico Dio,

Abbi pietà di noi

Santa Maria, prega per noi (da ora in poi sempre)

Santa Madre di Dio,

Santa Vergine delle vergini,

Madre di Cristo,

Madre della Chiesa,

Madre della divina grazia, Madre purissima,

Madre castissima,

Madre sempre vergine,

Madre immacolata,

Madre degna d'amore,

Madre ammirabile,

Madre del buon consiglio,

Madre del Creatore,

Madre del Salvatore,

Madre di misericordia,

Vergine prudentissima,

Vergine degna di onore,

Vergine degna di lode,

Vergine potente,

Vergine clemente,

Vergine fedele,

Specchio della santità divina,

Sede della Sapienza,

Causa della nostra letizia,

Tempio dello Spirito Santo,

Tabernacolo dell'eterna gloria,

Dimora tutta consacrata a Dio,

Rosa mistica,

Torre di Davide,

Torre d'avorio,

Casa d'oro,

Arca dell'alleanza,

Porta del cielo,

Stella del mattino,

Salute degli infermi,

Rifugio dei peccatori,

Consolatrice degli afflitti,

Aiuto dei cristiani,

Regina degli Angeli,

Regina dei Patriarchi,

Regina dei Profeti,

Regina degli Apostoli,

Regina dei Martiri,

Regina dei veri cristiani,

Regina delle Vergini,

Regina di tutti i Santi,

Regina concepita senza peccato originale,

Regina assunta in cielo,

Regina del santo Rosario,

Regina della famiglia,

Regina della pace.

Agnello di Dio che togli i peccati del mondo, perdonaci, o Signore.

Agnello di Dio che togli i peccati del mondo, ascoltaci, o Signore.

Agnello di Dio che togli i peccati del mondo, abbi pietà di noi.

V: Prega per noi Santa Madre di Dio.

R: Affinché siamo fatti degni delle promesse di Cristo.

Preghiamo.

Concedi ai tuoi fedeli,
Signore Dio nostro,
di godere sempre la salute del corpo e dello spirito,
per la gloriosa intercessione
di Maria santissima, sempre vergine,
salvaci dai mali che ora ci rattristano
e guidaci alla gioia senza fine.
Per Cristo nostro Signore.
Amen.

PER L'INTERCESSIONE DI SAN DOMENICO

O Signore, che ti degnasti di illustrare la tua Chiesa con i meriti e la dottrina del beato Domenico, fa' che per sua intercessione non sia privata degli aiuti temporali e sempre più progredisca spiritualmente. Per Cristo nostro Signore. Amen.

Si prosegue dicendo:

Secondo le intenzioni del Sommo Pontefice per l'acquisto delle Sante Indulgenze

1 Padre Nostro, 3 Ave Maria, 1 Gloria al Padre. Infine si fa il segno della croce, meglio se fatto con la corona in mano, dicendo: "Nel nome del Padre, del Figlio e dello Spirito Santo. Amen."

ALCUNE PROMESSE DI MARIA SS. AI DEVOTI DEL ROSARIO (FATTE AL BEATO ALANO DE LA ROCHE)

1.

A tutti coloro che reciteranno il mio Rosario prometto la mia specialissima protezione.

2.

Chi persevererà nella recita del mio Rosario, riceverà grazie potentissime.

3.

Il Rosario sarà un'arma potentissima contro l'inferno, distruggerà i vizi, dissiperà il peccato e abbatterà le eresie.

4.

Il Rosario farà rifiorire le virtù, le buone opere e otterrà alle anime le più abbondanti misericordie di Dio.

5.

Chi confiderà in me, col Rosario, non sarà oppresso dalle avversità.

6.

Chiunque reciterà devotamente il S. Rosario, con la meditazione dei Misteri, si convertirà se peccatore, crescerà in grazia se giusto e sarà fatto degno della vita eterna.

7.

I devoti del mio Rosario nell'ora della morte, non moriranno senza Sacramenti.

8.

Coloro che recitano il mio Rosario troveranno, durante la loro vita e nell'ora della morte, la luce di Dio e la pienezza delle sue grazie e parteciperanno ai meriti dei beati in Paradiso.

9.

Io libero ogni giorno dal Purgatorio le anime devote del mio Rosario.

10.

I veri figli del mio Rosario godranno di una grande gioia in cielo.

11.

Ciò che chiederai col Rosario, l'otterrai.

12.

Coloro che propagano il mio Rosario saranno da me soccorsi in ogni loro necessità.

13.

Io ho ottenuto da mio Figlio che tutti i devoti del Rosario abbiano per fratelli nella vita e nell'ora della morte i Santi del Cielo.

14.

Coloro che reciteranno il mio Rosario fedelmente sono tutti figli miei amatissimi, fratelli e sorelle di Gesù.

15.

La devozione del Santo Rosario è un grande segno di predestinazione.

Bibliografia essenziale:

- Giuseppe Ghiberti e collaboratori: Opera Giovannea, Elledici 2003

- Mauro Laconi e collaboratori: Vangeli sinottici e Atti degli Apostoli, Elledici 2002

- Manfred Hauke: Introduzione alla Mariologia, Eupress 2008

- Andrea Mardegan: Contemplare Cristo con gli occhi di Maria, Paoline 2003

- Francesco Michele Willam: La vita di Maria, Morcelliana 1937

- Giovanni Paolo II: Lettera enciclica, Ecclesia de Eucharistia, Paoline 2003

- Aristide Serra: Le nozze di Cana, Messaggero Padova 2009

- Raimondo Spiazzi o.p.: La vocazione domenicana, Edizioni San Sisto Vecchio, 1966

- Pietro Lippini o.p.: La spiritualità domenicana, Edizioni Studio Domenicano, 1987

- Thomas Walter Manson: I detti di Gesù nei Vangeli di Matteo e Luca, Paideia 1980

- Giovanni Ancona: Escatologia cristiana, Queriniana 2003

- Piergiorgio Beretta: Nuovo testamento interlineare, greco, latino italiano, Paoline 2000

- A Cura di Roberto Barile: Il rosario tra devozione e riflessione, Sacra doctrina, Esd 2009/4

- Philip F. Esler: Israele antico e scienze sociali, Paideia 2009

Il Rosario non è una meditazione sulla nostra fede ma è una contemplazione, uno sguardo, con Maria, dei misteri della vita di Gesù. É una preghiera litanica, una "dolce catena" di sguardi d'amore. Auguri!

INDICE

Printed by Books on Demand GmbH, Norderstedt / Germany